CONFÉRENC

DE

M. L'ABBÉ GARNIER, MISSIONNAIRE APOSTOLIQUE

DONNÉE DANS LA SALLE DU COMITÉ CATHOLIQUE

Le mardi 7 février 1893

La question sociale et ses diverses solutions

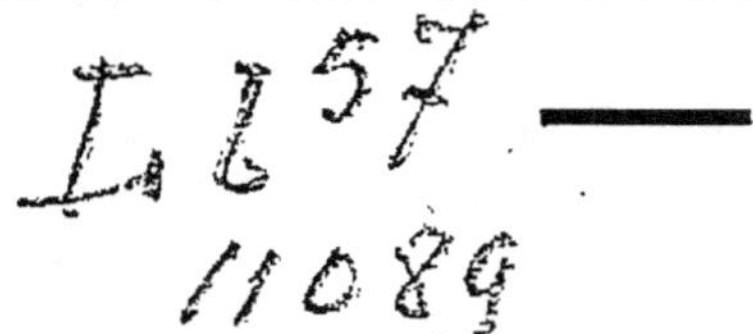

Avant de donner la parole à M. l'abbé Garnier, Monseigneur adresse à son auditoire, composé d'un millier d'hommes, l'allocution suivante :

MESSIEURS,

Je tiens avant tout à saluer votre belle et nombreuse assemblée, à vous remercier d'avoir répondu avec cet empressement à mon invitation. C'est la première fois, chers ouvriers de ma ville épiscopale, que j'ai l'occasion de vous faire appel sous cette forme générale ; j'ai été heureux de la saisir. A plusieurs reprises déjà, je vous ai vus ; vos visages ne me sont pas inconnus ; j'ai rencontré plusieurs d'entre vous dans les circonstances les plus émouvantes de la vie. C'était à la première communion de vos petits enfants, à la distribution des prix qu'ils avaient mérités. Mais je ne vous avais pas encore vus réunis en un tel nombre et ce m'est une joie si vive que je n'en puis taire l'expression. *(Applaudissements).*

Vous venez, Messieurs, pour entendre un orateur chrétien, un prêtre qui vous aime, dont le cœur bat auprès du vôtre, qui consacre sa vie, son talent, sa santé et ses forces à parler au peuple, à lui faire comprendre ses véritables intérêts. Il connaît vos souffrances, il ressent pour elles une sympathie profonde, vous vous en apercevrez dès les premiers mots de son discours. Ce n'est pas, j'ai hâte de le dire, une sympathie stérile, un sentiment purement agréable, dont il vient vous apporter ici l'écho ; il vient offrir un remède au mal et s'il vous parle de vos souffrances, c'est pour vous indiquer le moyen de les soulager.

Vous l'écouterez donc avec toute votre attention, et je ne doute pas qu'après l'avoir entendu, vous n'ayez le désir de revenir le voir et l'entendre encore, pour profiter de ses conseils et devenir plus heureux. C'est là, Messieurs, son ambition ; c'est aussi la mienne. Nous cherchons, avant tout, à vous rendre heureux, à vous aider à porter le poids de la vie. Voilà, je le répète, mon grand et vif désir, je puis dire que je n'en ai pas d'autres. *(Applaudissements prolongés).*

M. l'abbé Garnier prend alors la parole en ces termes :

MESSIEURS,

Monseigneur vient de nous dire que c'est la première fois qu'il s'adresse aux ouvriers de la ville d'Evreux. Laissez-moi le remercier du grand exemple qu'il donne. Je crois être l'interprète de vos sentiments en criant : « Vive Monseigneur ! » *(Cette acclamation est répétée dans toutes les parties de la salle au milieu des applaudissements et des bravos).*

C'est que nous traversons des temps où il n'est pas permis de rester inactif, les bras croisés. Au milieu du péril social, les ouvriers ont un cœur pour sentir la souffrance et l'angoisse, un bon sens pour mesurer l'étendue du mal, en pénétrer la cause, en chercher le remède ; et quand ils ont cru découvrir l'un et l'autre, alors ils ne peuvent garder le silence. Monseigneur, vous avez sondé mieux que personne les profondeurs du mal qui nous étreint, mieux que personne Votre Grandeur en sait les origines, et vous m'avez appelé pour vous aider à y porter le remède.

Messieurs, je vous salue, je vous vénère, je trouve en cette ville ce que je ne trouve pas en beaucoup d'autres. Ce n'est pas un vain compliment, non ! Daus l'interruption, qui vient de partir du fond de la salle (1) loin de voir une inconvenance, je trouve un reflet de la pensée qui vous anime. « Nous ne sommes pas venus ici, « a-t-on crié, pour entendre une leçon de catéchisme ! » Protestation sans portée, qui ne pouvait atteindre une parole où pas un mot n'était dit du catéchisme ; j'en retiens seulement l'expression manifeste d'un désir qui répond à une préoccupation universelle : entendre parler de la question sociale et de ses solutions diverses. C'est à ce désir si légitime que je vais essayer de répondre.

(1) Pendant l'allocution de Monseigneur, une voix s'était écriée : « Nous ne sommes pas venus ici pour entendre une leçon de catéchisme. » Cette sortie avait soulevé les plus vives protestations.

I

Avant tout, il serait utile, ce me semble, de bien préciser ce qu'on entend par « *la Question sociale.* » Je ne sais pas si je me trompe, mais ordinairement on est assez peu d'accord sur le sens de ce mot.

La question sociale pour les uns, c'est le malaise général, la crise économique qui pèse sur la France, s'étend sur le commerce, l'industrie et l'agriculture, sévit davantage dans certaines régions, en épargne d'autres, mais qui, partout, se fait plus ou moins sentir. Il en est pour qui la réforme morale entre plus particulièrement dans la solution de la question sociale. Ils veulent remédier avant tout à la démoralisation, aux désordres, à la décadence dans lesquels est tombée notre société moderne. Pour d'autres, enfin, c'est la crise qui sévit dans le monde du travail, dans les rapports d'ouvriers à patrons, de commis et d'employés à commerçants, de serviteurs à maîtres, d'enfants même à pères et mères, en un mot de subordonnés à supérieurs, dans tous les ordres possibles de hiérarchie.

En d'autres termes, crise économique, crise morale, crise professionnelle, voilà autant d'aspects sous lesquels on s'habitue à envisager la question sociale. Chacun d'eux est vrai; aucun pris séparément, n'est complet. Ils constituent les trois facteurs d'un ensemble que nous aurons à bien saisir pour mettre dans tout son jour la question proposée. Commençons, si vous le voulez, par considérer successivement chacun des points énoncés; nous déblaierons ainsi le terrain, et il nous sera dès lors plus facile de préciser le point essentiel de la question. Je pense que vous voudrez bien me suivre jusqu'à la fin de notre entretien. Je ne viens imposer mes idées à personne, mais seulement les exposer et vous mettre en état de porter par vous-même un jugement sur la question sociale et la solution qu'il convient de lui donner.

J'aborde le premier élément de la question, je veux dire *la crise économique.*

Cette crise économique est générale; elle s'attaque à vos intérêts, elle pèse lourdement sur toutes les classes mais surtout sur les petits, sur les pauvres. Quelle en est la cause? Pourquoi aujourd'hui l'agriculture, l'industrie, le commerce ne sont-ils pas aussi prospères qu'autrefois? Demandez-le aux hommes compétents, ils vous diront : c'est que nous sommes dévorés d'impôts. Nous sommes hors d'état de lutter contre l'étranger. Ainsi les draps, les étoffes, les marchandises de toutes sortes, nous avons pu autrefois les produire en assez grande quantité non seulement pour la France mais encore pour les nations voisines. Nous exportions naguère jusqu'à « un « million » de plus que nous le faisons aujourd'hui; nos ouvriers travaillaient pour l'étranger. Aujourd'hui on laisse entrer en France pour « un « milliard » à peu près, quelquefois davantage, d'objets qui sont destinés à la consommation française. Pourquoi? La cause en est due à l'élévation des impôts. Les économistes qui étudient la question savent que le peuple anglais est celui qui paie le plus d'impôts après nous; il paie 57 francs; les Allemands donnent 55 francs; les Espagnols 53; beaucoup de nations 15, 12, 10, même jusqu'à 7 francs. Et nous combien payons-nous? 115 francs!...

Comment pouvons-nous lutter contre des nations qui payent moins que nous? D'autre part,

il nous est imposssible d'expotrer, vû les prix
notablement inférieur de la production étran-
gère. Elle vient jusque sur nos marchés : c'est
du blé, du bétail, etc. Nous les achetons, peût-
être sans le savoir, de préférence aux produits
français, parce qu'ils coûtent moins cher.

Pourquoi coûtent-ils moins cher? Parce qu'ils
ne payent pas de taxes, de frais de transport
aussi élevés que les nôtres. Sans doute on peut
toujours vendre sa marchandise aux même prix
qu'on l'achète, mais si on la vend moins cher,
on se ruine. On ne peut pas continuer ce métier
de dupe. C'est là que nous en sommes en France.

Mais pourquoi cet excès d'impôts? Nous payons
tous les ans un milliard pour entretenir nos
armées de terre et de mer. Ah! n'allez pas dire
que je demande la suppression de nos armements!
Nous ne le pouvons pas en ce moment à cause
de l'état général. Cet état est affreux. La guerre
est désastreuse, tout le monde le dit; on veut la
paix; on fait des congrès de la paix; quel en est
le résultat? Il y a 20 ans, on n'avait encore en
Europe que 7 millions de soldats et lorsque les
lois, maintenant en vigueur seront arrivées, à
leur complet épanouissement, l'Europe en comp-
tera 22 millions! C'est une ruine! Mais pourquoi
ces armements? Allons au fond des choses. Pour
ce premier chapitre de notre budget, Messieurs,
celui de la guerre, l'explication est très simple.
Il n'y a jamais eu que deux forces dans le monde :
la force morale, et la force brutale. Jadis, je ne
sais quelle fraternité, quelle législation suprême,
consentie de tous, a empêché la guerre d'éclater,
et l'a arrêtée plusieurs centaines de fois. Pourquoi, lorsque nous demandons — et, je crois,
très sincèrement — le maintien de la paix, pourquoi voyons-nous les nations préparer ces arme-

ments formidables? Parceque cette puissance, que j'appelle « la force morale, » est absente, et elle a disparu parce que l'Evangile a cessé d'être connu et mis en pratique.

Oui, nous n'avons plus voulu de l'Evangile, nous avons prétendu nous organiser sans Dieu, en dehors de l'Evangile. Eh bien, nous en subissons le contre coup. Les idées de justice et de charité ont cessé d'inspirer les relations internationales; la force morale n'est plus là pour nous protéger; nous avons besoin dès lors de recourir à la force brutale. Et cette force brutale grandit tous les jours. Voici que nous sommes obligés d'augmenter encore nos armements, parce que nos ennemis l'ont fait; qui sait où l'on s'arrêtera? Messieurs, nous sommes dans le faux, dans le travers; nous avons prétendu nous organiser, en tant que nation, comme si nous n'avions aucune loi supérieure, comme s'il n'y avait pas de Dieu. Nous avons bien la force brutale, mais elle nous écrase et nous ruine. Voulez-vous que nos impôts de ce côté diminuent? Pour cela il faut revenir aux principes religieux. C'est là que nous retrouvons la force et la justice qui apportent la paix. *(Applaudissements)*.

Je me propose de prendre, l'un après l'autre, tous les chapitres de notre budget; car, si nous payons tant d'impôts c'est évidemment pour subvenir aux frais de notre budget. Je ne viens pas les critiquer, je les prends tels qu'ils sont, et je vaudrais démontrer que ces chapitres n'existeraient pas, ou s'amoindriraient presque de moitié ou même au quart, si nous avions conservé l'Evangile et les principes du christianisme enseignés par l'Eglise.

Pourquoi, par exemple, payons-nous 400 millions pour l'instruction publique! Ne croyez

pas que je veuille critiquer l'instruction publique!
Pensez-vous qu'avant Jésus-Christ, on s'occupait
d'instruction pour le peuple?

Ah! vous qui avez étudié l'histoire, avez-vous
vu que l'école pour tous, existât dans l'antiquité?
Non; les écoles ont commencé lorsque Jésus-
Christ a dit : « Allez, répandez l'enseignement. »
C'est par amour pour Notre-Seigneur Jésus-Christ
que l'Eglise a établi les écoles primaires, les
écoles d'enseignement secondaire et supérieur.
Messieurs, dans notre vieille Normandie, un
Concile de l'an 700 a prescrit que tous les curés
eussent dans leur paroisse une école. Un Concile
général ordonne plus tard que ces écoles soient
établies dans tous les pays du monde. Il y avait
donc des écoles, et pourtant elles ne coûtaient
pas un centime au budget. Qu'est-ce qui payait?
C'était le riche catholique. L'Eglise lui disait :
Vous qui êtes riche, vous devez employer votre
fortune au développement de l'instruction
publique. vous y êtes obligé; c'est l'impôt mis
sur vos biens par la Providence. L'Eglise a déve-
loppé l'instruction, et on a osé dire que l'instruction n'existait pas avant 1789! C'est un mensonge.
— Un historien contemporain qu'on ne saurait
accuser de cléricalisme, M. Taine, libre-penseur,
mais historien indiscutable, nous l'affirme. Et si
vous doutez de son témoignage, je vous citerai
les témoignages de Portalis et de Villemain. Nous
avions, dit M. Taine, il y a deux cents ans, 25000
institutions primaires, 300 collèges d'enseignement secondaire, et cela ne coûtait pas un centime au budget. Sur ce point, il est impossible à
un esprit sérieux d'aller contre ce que j'avance.

Mais on a voulu mettre Dieu à la porte, orga
niser des écoles hors de l'Eglise et contre l'Eglise.
Messieurs, l'Eglise s'est laissé faire, elle s'est

laissé mettre à la porte de ce terrain qu'elle avait admirablement défriché, mais nous en subissons les conséquences. C'est ainsi que nous payons 400 millions pour avoir une instruction moins développée qu'il y a deux cents ans. Avec ces 400 millions, nous pourrions lutter avantageusement contre l'étranger, étant donné qu'ils s'ajoutent « au milliard, » que nous payons pour les armées de terre et de mer. Cette charge, quelle en est la conséquence? C'est que l'ouvrier a de moins en moins d'ouvrage, puisque les marchandises viennent de l'étranger. Le salaire se trouve lui-même réduit. Nous voyons ce mal grandir, surtout à Paris, et nous pouvons dire ici que nous sommes punis par où nous avons péché. Messieurs, si vous voulez connaître la cause du mal, c'est que nous avons rêvé de faire disparaître la religion. *(Applaudissements)*.

II

Après le point de vue économique vient le point de vue moral. La démoralisation est universelle; elle est dans l'enfance, dans la jeunesse, dans l'âge mûr, dans la vieillesse même. Ceux qui volent sont partout; ils pullulent; « on ne sait plus à qui s'adresser, à qui se confier. » Voilà ce que nous entendons tous les jours! Si nous voulons préciser un peu ces accusations, nous n'avons qu'à examiner les chiffres de la statistique.

Il y a cinquante ans, savez-vous quel était le nombre des criminels en France? Il était de 79000.

Savez-vous ce qu'il est aujourd'hui? Il s'est accru : Il atteint 247000! On dit que nous sommes dans le siècle du progrès. Certes, en voilà un qui n'est pas contestable! *(Rires prolongés)*.

Le nombre des détenus dans les maisons centrales était, il y a vingt ans, de 13700; il y a seulement dix ans, il était de 26000; c'était un progrès déjà. Savez-vous ce qu'il est aujourd'hui! de 41000!... Le nombre des suicides, il y a dix ans, montait à 2700; aujourd'hui il dépasse dix mille : dix mille malheureux, qui se tuent de désespoir et de misère! — Vous n'avez qu'à consulter les différents chapitres de cette statistique lugubre, et vous verrez qu'on n'exagère pas, quand on dit que la démoralisation nous envahit. L'injustice, la malhonnêteté se trouvent là précisément où devraient surtout se rencontrer les vertus opposées, Voulez-vous prendre le chapitre de la probité? Quelles ruines engendrées par les faillites, les unes frauduleuses, les autres moins graves, mais qui toutes viennent ravir à des mains honnêtes les épargnes amassées à grand peine! Mais ceux qui volent, qui tuent, qui pillent, qui se conduisent en misérables, voyons, le font-ils parce qu'ils ont trop de religion? Est-ce que c'est nous qui leur disons de voler les biens de ceux qui ont eu trop de confiance en leur intégrité? Et ici, je le dirai tout simplement, parce que tout le monde y pense : Que dire des scandales qu'on vient de nous révéler depuis deux mois? Voyons, Messieurs, est-ce que ces scandales ont démontré que les prêtres, les vrais chrétiens, étaient coupables? On nous a représenté, je ne sais où, la Commission d'enquête pêchant à la ligne dans les eaux de Panama, et ne prenant que des poissons rouges! (*Rires*). Or, ces poissons rouges n'étaient pas des rougets; c'étaient des plus gros! (*Rires prolongés*).

Pour tirer une conclusion de tout cet ensemble, est-ce à autre chose que nous pouvons l'attribuer, qu'à l'absence de religion, à tous ces efforts qui ont été tentés de toutes parts pour que la France devînt athée? Eh bien, nous voyons ce que produisent ces efforts : on récolte ce qu'on a semé. J.-J. Rousseau, qui ne peut être soupçonné de partialité, a dit : « Jamais on ne verra de probité véritable sans religion ; les idées d'un athée préparent les mœurs d'un misérable. » (*Applaudissements*).

III

J'arrive au côté professionnel, c'est-à-dire à cette division lamentable qui se produit çà et là sur les différents points du territoire entre patrons et ouvriers.

Autrefois, cette division n'existait pas, parce qu'il y avait une liaison entre ces mêmes patrons et ces mêmes ouvriers. Ils étaient unis comme les doigts de la main; ils avaient entre eux toutes sortes de relations sous le nom de Corporations ou d'associations d'un autre genre.

Lorsque, autrefois, un conflit s'élevait entre un ouvrier et son patron, on soumettait ce conflit au jugement de la corporation. Un conseil, composé de moitié patrons et moitié ouvriers, jugeait le différend. Les patrons défendaient les droits des patrons, les ouvriers ceux des ouvriers. Si on ne pouvait pas s'accorder, on recourait alors à d'autres patrons (patron signifiait alors protecteur). Ces protecteurs qui étaient également dévoués aux uns et aux autres, jugeaient la cause avec impartialité. Aujourd'hui, pourquoi ne trancherait-on pas ces mêmes différends à l'amiable, quand tout le monde aurait profit à le faire? C'est que les corporations n'existent plus. Les corporations étaient une sauvegarde contre les grèves, ces grèves qui sont lamentables, sans compter la ruine qui en résulte pour notre commerce et notre industrie. Qu'est-ce qui les a détruites? Ce sont les hommes, qui en 1791, prétendaient gouverner la France sans Dieu, sans tenir compte des idées religieuses. Par un acte du despotisme le plus absolu, puisqu'il est attentatoire à un droit imprescriptible de la nature humaine, on a défendu aux patrons et aux ouvriers de s'associer et de s'unir; ce fut l'objet de la fameuse loi Chapelier.

Les ouvriers avaient l'habitude de se réunir à leur fête patronale : ils continuèrent de le faire même après 1791; on les a dénoncés, on les a poursuivis, on les a guillotinés. On a évalué à 30000 le nombre de ceux qui ont porté leur tête sur l'échafaud, pour avoir eu le malheur de contrevenir à cette loi néfaste. Voilà, Messieurs. les procédés que l'on a employés : la suppression des corporations par la loi et par la violence; par conséquent, la disparition des Conseils d'arbitrage. Dès lors, l'ouvrier, le faible, reste seul, isolé, dans un état contre nature. On a détruit l'esprit de famille qui régnait entre patrons et ouvriers; on a fait table rase de ces institutions protectrices, parce qu'elles étaient inspirées par la religion, et que la religion, alors comme aujourd'hui, était l'ennemie. On a voulu empêcher cette religion, soit de maintenir, soit de reconstituer ce qu'elle avait établi pour le bonheur de tous, et surtout pour le bonheur des faibles et des petits! Ce fut une injure à l'Eglise; ce fut surtout un crime de lèse-humanité! (*Bravos et applaudissements prolongés*).

Voilà ce qu'on peut appeler le côté professionnel de la question sociale.

IV

Mais, comme je l'ai dit déjà, ces trois points de vue. économique, moral, professionnel, sont incomplets; si vous voulez saisir la question sociale tout entière, permettez-moi de recourir à une comparaison simple et frappante.

Notre corps est composé de différents membres : la tête, le tronc, les jambes, les bras! Le bras, par exemple, est composé d'un os, qui en est la base et la structure, autour duquel viennent s'attacher les muscles, les tendons, les veines, les nerfs. Je suppose que ce bras est fracturé; c'est l'os qui est cassé; les autres parties du membre en souffriront; il en résulte autant de souffrances qu'il y a d'organes lésés par cette rupture. Je suppose que j'aie les deux bras cassés en plusieurs endroits, que mes jambes soient brisées également, que j'aie des lésions au cœur. à la tête : le corps tout entier est atteint et souffre.

Voilà qui peut vous donner l'idée de notre état social : il est blessé dans chacune de ses parties. La famille, par exemple, est un membre de la société; ce membre a des organes divers. Ce sont les rapports du père à la mère, des parents aux enfants, des enfants aux parents, des enfants entre eux. Chacun de ces rouages a sa place marquée, comme les organes dans le corps. Pour que tout aille bien dans la famille, pour qu'elle soit heureuse, il faut que le père soit bon, ferme, laborieux, respecté, obéi; il faut que la mère ait le véritable rôle d'une mère, ayant le droit de commander à la place du père, mais aussi qu'elle soit dévouée aux intérêts communs. Il faut que les enfants de leur côté aient le respect et l'amour de leurs parents. En revanche ils ont droit au vêtement, à la nourriture, aux bienfaits de l'éducation.

Or, voici une famille dont le père est un malheureux ivrogne. Deux ou trois fois par semaine, il rentre chez lui à l'état d'une bête brute. Comment voulez-vous qu'il soit respecté, puisqu'il ne se respecte pas lui-même? Qu'il commande, alors qu'il ne sait pas se commander à lui-même? Qu'il soit aimé enfin, puisqu'il ne se dévoue même pas pour les siens? Quelquefois la mère est comme le père; peut-être même les enfants suivent-ils l'exemple des parents! Comment voulez-vous que cette famille soit heureuse? Elle est comme un bras cassé : autant de ruptures, autant de douleurs! Et en France, sur dix millions de familles, combien y en a-t-il dans l'état dont je viens de parler? Il y en a peut-être deux millions! Cinq millions en outre souffrent de lésions moins graves, les rapports n'étant plus ce qu'ils devraient être entre leurs membres.

Ce n'est pas seulement la famille, c'est l'atelier, c'est l'usine qui souffrent. Ce sont les rapports de gouvernants à gouvernés, d'administrateurs à administrés, de riches à pauvres, de propriétaires à locataires, qui se ressentent de l'état violent dans lequel la France se trouve à l'heure présente. Un peu partout, à tous les points de vue, il y a des désordres, des abus, des injustices. L'ensemble de ces désordres, voilà ce qu'on appelle « la question sociale; » et ce n'est que le *« mal social »* que l'on confond souvent avec la « *question sociale* » elle-même.

V

La *question* sociale, c'est la question de savoir *comment on va guérir le mal social.* — Cette question n'est pas nouvelle; elle a existé autrefois, il y a deux mille ans, et ici je fais appel à ceux qui ont quelques connaissances de l'histoire.

Croyez-vous que le riche avait alors des entrailles généreuses à l'égard du pauvre? La société, à cette époque, se divisait ainsi : un dixième de riches et neuf dixièmes de pauvres. La plupart de ces pauvres étaient des esclaves. Quelle était alors la condition de l'esclave? L'esclave était considéré comme une bête de somme, une vile propriété, une *chose*, dont on fait ce qu'on veut. La loi la plus sage d'alors, la loi Romaine, dit en propres termes : « *Servus est res domini*, » l'esclave est la chose du maître. Les maîtres disposaient comme ils l'entendaient de cette classe de gens. On a vu des propriétaires en posséder jusqu'à dix et vingt mille. Il y avait pour eux des marchés semblables à nos marchés de bestiaux. Le maître s'amusait parfois à faire expirer à coups d'épingles ces malheureux esclaves, à en conduire d'autres à la mort pour avoir froissé les feuillets d'un livre; quelquefois le propriétaire les jetait en pâture aux poissons dans ses viviers. On sacrifiait la vie d'un homme pour le plaisir de manger un poisson plus délicat.

On les formait au métier de gladiateurs, et ils venaient dans les amphithéâtres s'égorger entre eux, ou lutter contre les lions, les tigres et les bêtes fauves, pour le plus grand amusement des hommes libres, qui tranquillement assis sur leurs gradins, applaudissaient à la vue du sang qui coulait. Voilà ce qu'on faisait alors de la classe ouvrière!

Les plus grands philosophes de l'antiquité ont dépensé leur génie et leur sagesse à justifier ces cruautés sans nom. Platon, Aristote, Cicéron ont prétendu que l'esclave n'était pas de la même nature et de la même condition que l'homme libre. Entre l'esclave et le cheval, dit Aristote, voici la différence : « Le cheval ne se rend pas compte que son maître se sert de son intelligence pour le conduire, l'esclave s'en rend compte. » —

La théorie était mise en pratique : les esclaves étaient attachés comme un cheval à l'écurie. Ils étaient enserrés dans des lieux immondes, appelés « *ergastula*, » où ils étaient entassés, eux et leurs enfants, dans la plus hideuse promiscuité. Dites-moi, dans cette organisation, y avait-il des rapports de civilisation entre les gouvernants et les gouvernés, les opprimants et les opprimés? Encore une fois on ne reconnaissait pas la nature humaine dans ces malheureux esclaves.

C'est en face de ce monde en décomposition qu'il s'agissait de poser la question sociale. Qui est-ce qui l'a posée et résolue? Comment se fait-il que l'esclave soit devenu un homme libre, participant aux droits de la propriété, aux bienfaits de la religion, à la direction des affaires? Il a fallu que Notre Seigneur Jésus-Christ vînt sur la terre et dît, lui qui connaissait parfaitement la nature humaine : « *Ite, docete-omnes gentes.* » Apprenez aux hommes qu'ils ont une âme à respecter et à sauver. Il venait sauver tous les hommes, c'est vrai, mais surtout la classe ouvrière. Il est venu pour les esclaves, pour les petits, pour les faibles, pour les opprimés, pour les déshérités, au point de vue religieux, moral et social.

Ah! Messieurs, en face de ces ineffables bienfaits du christianisme, je ne puis pas me contenir quand je vois aujourd'hui qu'on veut accaparer au profit de la Révolution ces grands mots odieusement travestis, de liberté, d'égalité, de fraternité; je sens qu'il est de mon devoir de protester contre pareille usurpation. Non! moi, chrétien, moi, prêtre, je ne permettrai pas qu'on arrache du front de mon divin Maître le plus beau fleuron de sa couronne! (*Bravos et applaudissements prolongés*). Notre Seigneur, venant sur terre, était bien libre de prendre la situation sociale qu'il voulait. Ouvriers, il a pris la vôtre; il a eu les mains calleuses comme vous, des vêtements pauvres comme les vôtres, une vie qui ressemblait bien à la vôtre, car il la gagnait comme vous, à la sueur de son front. Il a dit un jour : « Je veux m'associer tellement les petits et les pauvres, tellement me les identifier, que ce qu'on fera au moindre d'entre eux, je le considérerai comme m'étant fait à moi-même. » Quelles sont alors les conséquences de ces sublimes paroles? Jésus-Christ dit au riche : « Cet ouvrier, cet esclave, c'est un autre moi-même. Si j'étais à sa place, est-ce que tu ne me traiterais pas avec bonté? est-ce que tu ne serais pas heureux de me donner asile à ton foyer? Fais de même pour lui; je te commande de l'aimer comme tu dois m'aimer. » Paroles divines, paroles libératrices, qui ont été acclamées d'un bout du monde à l'autre. (*Bravos et applaudissements*).

Aussi, Messieurs, fidèle dépositaire des enseignements de son divin Maître, l'Eglise célébrait-elle, la nuit de Noël, une messe de la libération des esclaves. Les maîtres conduisaient à cette messe leurs esclaves, chargés des chaînes qu'ils portaient ordinairement et au moment de la communion ces chaînes tombaient lourdement sur le sol, puis le patron s'avançait et leur disait : « Jusqu'ici vous avez été mes esclaves, soyez désormais mes frères. » Voilà la preuve indiscutable qui montre que la liberté a été le fruit des enseignements tombés de la bouche de Jésus-Christ.

C'est ainsi, Messieurs, que sous la salutaire influence des vérités évangéliques, la question sociale a été résolue. Mais ici une question se pose naturellement. Pourquoi certains peuples ont-ils joui de cette organisation, pendant un certain temps, et l'ont-ils perdue?

Pourquoi par exemple la Tunisie, l'Algérie, après avoir été autrefois organisées régulièrement, ne l'ont-elles plus été à un moment donné? Tant que l'Evangile régna dans ces contrées, on les vit s'épanouir à la civilisation et à la liberté ; et le jour où le cimeterre du musulman s'appesantit sur ces malheureuses contrées, cette même civilisation fit place à l'esclavage, au retour de la barbarie. — La civilisation était venue de l'Evangile, et si elle est disparue, c'est parceque de ces contrées on a chassé l'Evangile.

Ainsi en fut-il chez nous. Joseph de Maistre a dit : « le peuple appartient à qui lui parle. » Qui est-ce qui lui parle depuis cent ans ? Est-ce le langage de l'Evangile qu'on lui a fait entendre ? Ne voit-on pas le contraire dans les journaux ? N'a-t-on pas attaqué une à une toutes les vérités de la religion ? N'a-t-on pas dit que la libre-pensée était le seul principe du progrès ? Il y a des hommes qui se sont laissé entraîner à ce courant de très bonne foi. Aujourd'hui ils commencent à réfléchir ; ils jugent l'arbre par les fruits, ils voient qu'ils se sont trompés, car on récolte ce qu'on a semé. Il fallait, se disent-ils, que la graine fût bien mauvaise pour engendrer tant de désordres, tant de démoralisation ! Alors que faire ? Devons-nous aller en avant, rebrousser chemin, aller à droite, à gauche ? De bonne foi, nous avons cru que c'était le bonheur, le progrès, et voilà qu'au contraire c'est le progrès à rebours. C'est la marche de la société vers l'abîme, d'où le Christ l'avait fait sortir, et où la libre-pensée va nous précipiter. Alors ils voudraient revenir : savez-vous ce qui les retient ? C'est ce je ne sais quel respect humain, quelle fausse honte. Ah ! c'est à ceux-là, je tiens à le dire hautement, que je réserve ma meilleure poignée de main, mon plus cordial dévouement ! Il en coûte en effet de dire que l'on s'est trompé. Mais cela peut arriver à tout le monde. Eh ! bien, vous qui avouez dans votre conscience que vous êtes trompés, venez à nous, nous vous ouvrons les bras, vous serez les bienvenus dans la famille. (*Vifs applaudissements*).

J'ajoute une réflexion. N'allons pas croire que la question sociale est dans un mouvement politique. Non, non, Messieurs, ce n'est pas par la politique qu'on a résolu la question sociale, ce n'est pas par la politique que nous allons la résoudre ce soir. Toute la force de la démonstration résidera dans l'idée qu'on doit se faire de la conscience de l'homme, éclairée, enseignée, persuadée. Faites accepter peu à peu les idées religieuses ; acclimatez la religion dans les âmes d'où elle était bannie depuis si longtemps. — A tous, puisque Notre-Seigneur Jésus-Christ vous a tous aimés, je vous demande d'organiser quelques bonnes œuvres, de ces œuvres bienfaisantes qui mettent parmi les ouvriers une union véritable. C'est ce que les premiers chrétiens avaient compris, en chargeant les Diacres de créer des œuvres économiques appuyées sur ce principe que l'homme n'est pas seulement composé d'une âme, mais qu'il a de plus un corps, une famille, aux besoins desquels il faut subvenir.

Ce que l'Eglise à fait au Ier siècle, pourquoi ne le ferions-nous pas maintenant ? N'allez pas dire que ce soit impossible. Je vous donnerai la preuve du contraire. Ainsi une ville située dans les environs de Paris s'était donnée presque tout entière à la libre-pensée, à l'anticléricalisme le plus accentué, lorsque, il y a à peu près un an et demi, nous nous en sommes occupés, nous y avons organisé des œuvres : Société de Notre-

Dame du Travail, Caisse de famille, Caisse d'emprunt pour avancer de l'argent à ceux qui pouvaient en avoir besoin, (je ne parle pas de certains qui ne rendent pas, et pour qui prêter c'est donner !) *(Rires)*. Nous avons encore créé une Caisse de loyers, une Caisse d'épargne, et un Syndicat mixte, composé de patrons et d'ouvriers. Beaucoup d'usines travaillaient le dimanche, et par conséquent il se trouvait des ouvriers qui n'avaient pas un jour à passer en famille. Nous avons obtenu de six de ces usines qu'elles fermassent le dimanche, car la liberté est indispensable au bonheur de la famille. Nous avons encore établi des caisses plus perfectionnées, telles que : Caisse d'assurance sur la vie, Caisse contre les accidents, etc. De plus des conférences se font dans tous les quartiers de la ville, tantôt dans un quartier, tantôt dans un autre. Tous les huit jours, les ouvriers se réunissent pour cette œuvre de propagande ; il faut se sentir les coudes et les cœurs ! Les adhésions ne manquent pas. M. le Secrétaire m'écrivait dernièrement : « Depuis « que vous êtes venu, nous n'avons pas eu moins « de trente adhésions par semaine. » Pour les femmes et les enfants nous avons constitué des œuvres semblables, de manière que toute la famille se trouve associée à ce mouvement. C'est un retour vers l'action religieuse, régulière, normale, telle que nous la comprenons. Encore une fois nous venons exposer nos idées, et non les imposer ; car personne ne crie plus sincèrement que nous : Vive la liberté !

Eh bien ! pourquoi ne se ferait-il pas dans la France entière un mouvement semblable ? Pourquoi la ville d'Evreux ne ferait-elle pas comme Clichy ? Pourquoi ne ferait-on pas des conférences historiques dans lesquelles on étudierait sans pré-

vention et sans parti-pris certains faits que les
ennemis de la religion nous jettent à la face,
comme l'Inquisition, la Saint-Barthélemy, les
Dragonnades ? C'est une première occasion de se
voir ; et quand on aura fait la lumière dans les
esprits prévenus, on verra à faire autre chose, —
par exemple des réunions spéciales, messes et
saluts pour les hommes seulement, où s'opère le
mouvement de retour à l'influence de la religion.

Cette action, je le répète, est toute religieuse et
sociale, nullement politique. Ce qui n'empêchera
pas, je le prévois, qu'on nous accusera de ramener le gouvernement des curés. Qu'est-ce qu'on
appelle, je vous demande un peu, le gouvernement des curé ? « Voyons, soyons sérieux ; est-ce
que les curés ont jamais gouverné la France ?
Sans doute, il s'en trouve, qui ont été choisis
pour leurs talents : tels que Suger et Richelieu. »
On les a pris comme on en a pris d'autres ; parce
qu'on les a jugés capables de faire du bien, parce
que leur génie pouvait rendre service à l'Etat ;
parce qu'à cette époque, on croyait qu'on pouvait
être citoyen tout en portant la soutane. Je vous
l'avouerai cependant, je n'ai jamais eu, pour ma
part, l'ambition de devenir président de la Répu-
blique, ni même ministre des cultes. (Rires). —
Non ; notre seule ambition est d'obtenir toute
liberté pour apprendre aux enfants leurs devoirs
religieux, leur enseigner librement le catéchisme,
tâcher de les rendre respectueux, obéissants à
vous, chers parents qui m'entendez. Quand un
père pleure parce que son fils se conduit mal, ce
n'est certes pas parce que ce dernier nous a trop
écoutés ! (Bravos).

Nous ne permettons pas qu'on corrompe l'âme
des enfants par les mauvais journaux. Ce sont là
les pires ennemis de la classe ouvrière, ceux qui

lui ont fait le plus de mal. Vous avez vu comme ces journaux francs-maçons ont dit le contraire de la vérité ; ils étaient payés pour cela. Rendez-vous compte qu'ils veulent faire oublier au peuple ses pires ennemis ; voilà pourquoi ils tirent sur nous à boulets rouges.

Tout à l'heure, je vous rappelais le mot de Joseph de Maistre : « Le peuple appartient à qui « lui parle. » Or, il y a cinquante ans, un juif, Crémieux, résolut de s'emparer de la France au profit de ses coréligionnaires.

« Tout le monde, disait-il, dépend de l'enseignement et de la presse. Si vous avez la presse, considérez tout le reste pour rien, l'honneur pour rien, l'argent pour rien.—Ayant la presse, vous aurez tout. » Les juifs ont eu la presse, et je crois qu'ils ont eu un peu tout le reste..... (*Rires*). — Crémieux, dans nu sens tout opposé, reprenait le mot de Notre-Seigneur. « Allez, enseignez toutes les nations. » Voilà son moyen d'action ; eh ! bien, je vous recommande ce moyen. Lorsque je repasse tout ce qui s'est fait, depuis que vous avez à votre tête le vénérable prélat qui préside notre réunion, je suis émerveillé du changement qui s'est opéré dans votre ville, depuis mon dernier voyage. Je vous supplie de ne pas en rester là, de continuer toujours ! Prenez une part active à la diffusion de ce journal, « *la Croix de l'Eure*, » qui vient de se fonder à Evreux. Il ne vous induira pas en erreur, parce que son unique préoccupation est de vous ramener à la religion.

Voilà une solution de la question sociale : la solution chrétienne. On en propose d'autres. Il y a d'abord celle des satisfaits. « Mais, dit-on, tout « va bien ; pourquoi changer ? » Je crois que ceux qui parlent de la sorte sont ceux qui tiennent l'assiette au beurre ! *(Rires)*. Mais il n'y en a pas beaucoup qui pensent comme eux. Non, cela ne va pas bien ; et les chiffres que nous avons donnés au début ne sont-ils pas d'une éloquence accablante ? Je vous en ai parlé suffisamment, je n'y reviens pas.

A côté de cette solution, il y a la solution proposée par le socialisme. Tenez, il me vient une idée. Je ne sais si elle vous plaira ; je vais vous raconter une histoire. Il y a quelques jours, je fus convié par les socialistes de Moulins à une conférence contradictoire sur la question sociale. Je devais avoir comme antagonistes deux socialistes fameux, MM. Jules Guesde et Jourde. Je vais vous rapporter ce qui se passa alors. Cela vous va-t-il ? *(Oui, oui)*. Vous aurez alors une miniature de ce qu'on appelle une conférence contradictoire. Cela dura quatre heures ; aussi, n'entrerai-je pas dans tous les détails. Si je vous retenais quatre heures, que dirait-on chez vous ? *(Rires)*.

Je commençai par dire quelle était, selon moi, moi, la solution des maux dont nous souffrons, et je donnai quelques-unes des réflexions que je viens de vous présenter ce soir. Je dois dire cependant qu'on ne m'écouta pas avec autant d'attention que ce soir. La conférence, étant publique, fut assez mouvementée, et quand je parlais de Dieu et de Notre-Seigneur Jésus-Christ, je fus arrêté un instant par des protestations et des acclamations. Je leur dis alors : « Est-ce que par hasard, en me conviant à cette séance, vous vous êtes attendus à ce que je misse des gants pour vous parler ? J'ai l'habitude de dire ce que je pense. Voyons Messieurs..., quelques-uns se récriaient encore. Alors, je m'adresse au président, et je lui demande quelle a été son intention en m'appelant à cette séance. « Ne saviez-vous pas que vous aviez appelé un prêtre catholique, pour dire ce qu'il pensait ? (*Oui, oui*). S'il en est ainsi, j'espère que vous allez me laisser parler librement. » Tout le monde applaudit, ce fut une affaire convenue, et je développai ma thèse.

Quand j'eus fini, M. Jules Guesde prit la parole.

— « Monsieur l'Abbé vient de faire un récit historique contraire à la vérité. Il nous dit que la religion autrefois a fait affranchir les esclaves : c'est une erreur. Ce sont les barbares qui les ont délivrés. Les barbares étaient des gens, qui n'étaient pas riches, qui n'avaient pas le moyen de nourrir leurs esclaves. En s'emparant de Rome, ils ont laissé la liberté aux esclaves pour s'en débarrasser ! »

Je lui répondis simplement : « Monsieur, vous êtes très fort. Je l'avais déjà entendu dire, mais je ne vous croyais pas fort à ce point. On a donné la liberté aux esclaves dès le Ier siècle, et les barbares ne sont venus qu'au Ve siècles ! Franchement, comment se fait-il que des effets se soient produits 400 ans avant leur causes ? (*Rires*). On rit beaucoup, comme vous venez de le faire vous-mêmes, ce qui prouva que le pontife du socialisme n'était pas infaillible.

— « Vous avez encore dit, poursuivit M. Jules Guesde, que l'idée religieuse avait présidé aux corporations, que l'Algérie, la Tunisie ont perdu leur civilisation en s'écartant de la religion chrétienne, qui leur a donné leur organisation première. C'est inexact ; cela s'est fait tout seul. Si les œuvres sociales se sont soutenues en France, cela tient à des dispositions cosmiques et économiques, indépendantes du Christianisme. »

Je lui réponds : « M. Jules Guesde, c'est de plus en plus fort, comme chez Nicolet ! — Alors, dites-moi, pourquoi avez-vous les cheveux et la

barbe rouges? pourquoi les grenouilles n'ont-
elles pas de queue? pourquoi des hommes ont-
ils un mètre six pouces, les autres un peu moins?
D'après votre réponse, c'est que cela devait être
ainsi : cela tient probablement à des conditions
cosmiques! Je vois, M. Guesde, que vous êtes
matérialiste, (il me l'avait dit auparavant), que
vous ne voulez pas croire à l'existence de Dieu.
Eh bien! je vais vous citer les paroles de M. Flam-
marion. Voici comment cet illustre savant termi-
nait une magnifique conférence sur le mouvement
des astres : « Quand vous voyez passer un train,
dont la locomotive lance sa fumée dans les airs,
traînant après elle tout un convoi, vous ne dis-
tinguez rien, et pourtant vous dites : quelqu'un
a fait cela, il y a quelqu'un là-dedans! De même
quand vous contemplez tous ces mondes qui
s'agitent dans l'espace d'après des lois fixes et
dans un ordre merveilleux, vous vous dites :
quelqu'un a fait cela! Il y a quelqu'un là-dedans! »
(*Applaudissements*).

M. Guesde me présenta une autre question. —
« Vous prétendez que le socialisme (car je l'avais
attaqué) est la mise en commun de tous les biens.
Pas du tout! Ce n'est pas cela que nous entendons par le socialisme.— Je ne sais donc pas, répondis-je, ce que parler veut dire. Ne voulez-vous
pas que tout appartienne à tous : les chemins
de fer aux employés, les mines aux mineurs? —
Mais nous ne voulons pas aller si vite! — Vous
voulez alors en prendre un petit morceau, puis
un deuxième, puis un troisième, mais avec l'ap-
pétit que nous vous connaissons, tout y aura
bientôt passé! (*Rires*).

« Voyons, Monsieur, raisonnons. Le chemin
de fer appartiendra aux employés, mais en
attendant il appartient à d'autres personnes. Si

vous le payez, où prendrez-vous l'argent? Si vous ne le payez pas, ça s'appelle d'un seul nom ; ça s'appelle voler. Voyons, M. Guesde, vous ne pouvez pas avoir de telles pensées !

« — M. l'Abbé, fit-il alors, vous combattez les socialistes, et vous-mêmes, les chrétiens, vous avez été les premiers socialistes ! »

« — Monsieur, si dans les premiers temps de l'Eglise, les chrétiens mettaient tout en commun, c'est qu'ils le voulaient bien ; mais vous voulez le faire de force. De la manière dont vous entendez les choses, vous nous donnez le despotisme le plus complet, la tyrannie la plus absolue ! »

Ensuite M. Guesde ajouta bien d'autres choses. Il développa longuement la manière dont il entendait la possession des chemins de fer ; il entra dans une foule de détails insignifiants. Je vis bien que l'assemblée ne comprenait pas. Je vous épargnerai ses longs développements. Qu'il vous suffise de savoir que le socialisme, tel qu'il l'entendait, était un socialisme qui tenait la queue de la poêle, et prétendait nous faire frire tous dedans. (*Rires*).

Et savez-vous pourquoi nous sommes malheureux? C'est que nous sommes en plein socialisme; que le socialisme est une erreur, qui consiste en ce que l'Etat est maître des personnes et des choses et s'oppose à la liberté de propriété. Le rôle de l'Etat doit se borner à nous protéger dans notre liberté, en nous laissant agir.

C'est ce que l'Etat ne fait pas. Il tire à lui toute la couverture, et les ouvriers n'en ont pas beaucoup. Cette infâme loi Chapelier, faite par l'Etat, nous a interdit de nous unir. Si quelqu'un veut employer sa fortune à fonder des écoles, des hôpitaux, des bureaux de bienfaisance, l'Etat met des bâtons dans les roues. Si au contraire quelqu'un veut gaspiller son bien en débauches, on le lui permet. Donnez-nous donc la liberté à laquelle nous avons droit, la liberté dans l'association, la liberté de créer des corporations, qui préviendront la grève, ruine des patrons et des ouvriers.

En Angleterre, au mois d'avril de l'année dernière, les propriétaires dirent aux ouvriers : « Vous n'êtes pas assez payés c'est vrai, mais « nous ne pouvons pas vous donner davantage. » — « Eh bien, répondirent les ouvriers, nous « allons suspendre le travail pendant dix jours, « le charbon manquera, il y aura augmentation « de prix et nous recommencerons à travailler. » C'est ce qui se fit sans aucun désordre. Voilà ce que produit l'entente entre patrons et ouvriers. Il y a une manière d'arranger les choses, sans avoir recours au socialisme. Votre socialisme ne remédie à rien. Comment empêchera-t-il le charbon de diminuer? et lorsque les gens ne travailleront plus, qu'est-ce qui les nourrira?

J'entrai dans beaucoup de détails pour démontrer à M. Guesde que son système ne résolvait rien. Les gens qui nous ont trompés nous ont promis monts et merveilles; ils disaient que les alouettes nous tomberaient toutes rôties dans le bec. Et loin d'avoir des alouettes, nous n'avons même pas de pain! Aujourd'hui vous nous faites des promesses comme celles-là; ne vous lancez pas dans cette voie, vous ne pourriez pas tenir vos promesses; vous feriez comme l'ours de la fable, qui, voyant une mouche sur le nez de son maître, prit un pavé pour la chasser. Il tua bien la mouche, mais il écrasa la tête du dormeur. C'est encore l'histoire de cet ivrogne qui disait : « On dit qu'un verre de vin donne des jambes, « en voilà une vingtaine que je bois et je ne tiens

« pas debout. » (*Rires*). M. Guesde ne soufflait plus mot. Me tournant alors vers M. Jourde, je lui dis : « M. Jourde, avez-vous quelque chose à « me dire? » M. Jourde se leva et tint à peu près ce langage : « Citoyens, nous ne savions pas, Jules Guesde et moi, que nous avions à discuter avec un prêtre catholique, sans cela nous ne serions pas venus, mais je tiens à vous dire pourquoi : c'est que dans la discussion je prétends ne me servir que de ma raison et qu'il n'y a pas à discuter avec un homme qui reconnaît le « *Syllabus*. ».

« — Comment, Monsieur, Dieu m'a donné dans l'ordre intellectuel deux lumières, (la raison et la foi), comme dans l'ordre physique il m'a donné le soleil et la lune; et vous prétendez m'obliger à renier le soleil pour ne regarder que la clarté de la lune! or, j'entends bien me servir de l'un et de l'autre! Voulez-vous me dire que le *Syllabus* prononce le divorce de l'Eglise avec l'esprit moderne? Quel est le but de l'Eglise? faire connaître, aimer et servir Dieu. Quel est le but de ce que vous appelez l'esprit moderne? c'est de détruire jusqu'au nom de Dieu, d'empêcher les hommes de le servir. Aussi l'Eglise qui a pour but de faire aimer Dieu, ne peut pas s'accorder avec votre esprit moderne; c'est comme si vous me disiez que blanc est noir, c'est la même chose!

« Il faut, M. Jourde, que vous ne connaissiez guère ce que c'est que le *Syllabus*. Pourriez-vous me dire ce que vous entendez par là? — C'est... dit-il, un... livre... enfin... un livre...

« — Pardon, Monsieur, je vois que vous êtes embarrassé, je vais vous expliquer ce que c'est que le *Syllabus*.

« Ce n'est pas livre. Non. C'est une série de phrases, dans lesquelles le Pape a signalé certaines erreurs qu'il nous faut rejeter si nous voulons rester dans la doctrine de l'Eglise. M, Jourde, vous n'admettez pas le *Syllabus*, mais moi je suis très reconnaissant au pape de nous l'avoir fait connaître. *Syllabus* est un mot latin, qui veut dire : « liste, catalogue »; pourquoi donc un homme vient-il parler ainsi dans les conférences publiques de ce qu'il ignore? Une voix s'éleva pour crier : « Nous ne sommes pas « venus ici pour entendre parler latin; parlez « français. » — Mais toute la faute, répondis-je, est à M. Jourde!

« Vous nous jeterez encore à la face ces grands mots de « péril clérical. » Or, qu'est-ce que le péril clérical? C'est le danger pour la France d'être sauvée par des prêtres, parce que, si on accepte la foi, on est exposé à être guéri de tous ses maux. Voilà le mal; c'est terrible, en vérité!... Qu'est-ce que vous en dites? » — Ce fut la fin de la discussion. Je me retournai vers M. Jourde et lui dis : « Monsieur, avez-vous encore quelque chose à objecter? » M. Jourde baissa la tête sans rien répondre. Alors m'adressant aux assistants : « Quelqu'un a-t-il une explication à demander? je suis prêt à la lui donner, et nous allons encore discuter une heure ou deux s'il le faut. Eh! bien, puisque personne ne parle, il ne faut pas que quelqu'un de vous, en s'en allant, puisse dire : « Ah! si nous avions été libres, c'est nous qui lui aurions rivé son clou! »

Telle fut la conférence de Moulins. Elle peut nous donner une idée de la façon dont les socialistes entendent la solution de la question sociale. (*Applaudissements*).

Certains économistes parlent du « socialisme chrétien. » Le socialisme, Messieurs, ne peut pas être chrétien; son essence précisément est d'être

l'ennemi de la religion. Socialisme chrétien!...
Ces deux mots hurlent d'être accouplés. Il nous
reste donc la solution que je vous ai exposée : le
retour à la religion. Le monde, redevenu chrétien, la question sociale disparaîtra. Il faut à tout
prix que nous revenions à l'Eglise, à la véritable
religion de nos pères. Voulez-vous sortir de cette
crise? je vous ai montré le chemin, vous n'avez
qu'à marcher. Fondez, comme plusieurs villes
l'ont déjà fait, des associations, sous le vocable
de Notre-Dame du Travail.

N'allez pas me dire, comme à Moulins : « Personne ne veut plus de religion. — Ah! ça, repris-
je, qu'est-ce qui vous dit le contraire? C'est là
justement ce que je constate depuis deux heures,
et c'est la cause de tous nos maux. C'est pour
vous montrer la nécessité de revenir à la religion
que je suis ici! » — Messieurs, qui a résolu une
première fois la question sociale? C'est Notre-
Seigneur Jésus-Christ. Remercions-le donc de
l'avoir fait dans le passé et demandons lui de le
faire dans l'avenir : et pour terminer par un nom
qui résume toutes nos pensées, toutes nos espé-
rances, toutes nos résolutions, il faut à Evreux
comme à Moulins, qu'un cri s'échappe de nos
poitrines. Allons, Messieurs, vive Jésus-Christ!

Cette religieuse acclamation fut répétée par trois fois
dans l'assistance, qui salua ensuite le conférencier de ses
applaudissements et bravos prolongés.

Monseigneur alors se leva et termina cette magnifique
séance par les paroles suivantes :

Je suis fier, Messieurs, mais non surpris de vos
applaudissements et de l'à propos avec lequel
vous les avez fait retentir. M. l'abbé Garnier est
content de vous; il est content de l'attention sou-

tenue, de l'intelligence marquée avec laquelle vous avez écouté sa parole. Il ne gardera pas sa joie pour lui, il dira partout : j'ai fait une conférence à Evreux, il fallait voir comme on m'a écouté et surtout compris! Mes frères, (laissez-moi vous donner ce nom), je suis bien heureux d'avoir assisté à cette magnifique soirée. Vous voyez avec quel cœur M. l'abbé Garnier aime la classe ouvrière, avec quel dévouement il voudrait la sauver. Vous l'avez pressenti au premier abord ; vous en êtes maintenant convaincus. Voulez-vous que j'invite M. Garnier à revenir? (*Oui! oui! Vive l'abbé Garnier!*) Vous le voyez, M. l'abbé, vous êtes condamné à revenir.

Eh bien, alors, Messieurs, ajoute M. Garnier, je vous dis au revoir! (*Applaudissements et bravos*).

Évreux, Imprimerie de l'Eure, L. Odieuvre. 4 bis, rue du Meilet.

LA CROIX DE L'EURE

JOURNAL HEBDOMADAIRE

Un abonnement. . . . . un an, 1. 50

Dix abonnements . . . . . . un an, 10. 50

S'ADRESSER

à M. l'administrateur de la CROIX DE L'EURE

4 bis, rue du Meilet, EVREUX

www.ingramcontent.com/pod-product-compliance
Lightning Source LLC
Chambersburg PA
CBHW071415030726
47594CB00006B/2460